MW01517417

❖

El perdón

❖

Colección Semillas

❖

OBRA NACIONAL DE LA BUENA PRENSA, A.C.

Ciudad de México

El perdón
Juan Dingler Celada, sj
Colección Semillas

Primera edición, octubre de 1999
Tercera edición, noviembre de 2003

Hecho en México
ISBN: 970-693-004-3
Con las debidas licencias

Derechos © reservados a favor de

OBRA NACIONAL DE LA BUENA PRENSA, A.C.
Orozco y Berra 180. Sta. María la Ribera.
Tel. 5546 4500. Fax 5535 5589
ventas@buenaprensa.com
www.buenaprensa.com
Dirección postal: Apartado M-2181. 06000 México. D.F.
Librerías:
• **San Cosme 5.** Sta. María la Ribera
06400 México,D.F. Tels. 5592 6928 y 5592 6948

• **Miguel Agustín Pro, S.J.**
Orizaba 39 bis. Col. Roma.
06700 México, D.F. Tels. 5207 7407 y 5207 8062
• **Loyola**
Congreso 8. Tlalpan 14000 México, D.F.
Tels. 5513 63 87 y 5513 6388.
• **San Ignacio**
Donceles 105-D. Centro. 06020 México, D.F.
Tels. 57 02 18 18 y 57 02 16 48.
• **San Ignacio**
Rayón 720 Sur, entre Padre Mier y Matamoros,
Monterrey, N.L.
Tels. 83 43 11 12 y 83 43 11 21.
• **San Ignacio**
Madero y Pavo, Sector Juárez, Guadalajara Jal.
Tels. 36 58 11 70 y 36 58 09 36.
• **San Ignacio**
Czda. Cuauhtémoc 750. Nte. Centro. Torreón, Coah.
Tels. 793-14-51 y 793-14-52.

Se termió de imprimir esta 3a. edición el día 23 de noviembre de 2003,
festividad del Beato Miguel Agustín Pro. S.J., en los talleres de Offset Santiago, S.A.
de C.V. Río San Joaquín 436. Col. Ampliación Granada,11520 México, D.F.
Tel: 55-31-78-60.

ÍNDICE

Introducción

Este catecismo es una propuesta a los hermanos que nunca se han sentido dueños de la casa de la que todos somos dueños: la casa del Padre, nuestra morada común.

Es un catecismo sencillo, nos invita a saltar de la oscuridad a la luz. Es un deseo que todos nos encontremos en plenitud humana para vivir el inmenso cariño del Padre, de nuestro Padre que nos invita a recibirnos como hermanos.

¡Cómo deseo que todos nos sintamos hermanos! Amados por el Padre, hermanados todos en Él.

Con este catecismo doy también gracias por el inmenso amor que significa el sacramento de la reconciliación. El sacramento del perdón.

❖ ❖

EL MAL

Hay una realidad que llena continuamente nuestro corazón de pesar. Una realidad que siempre nos está tocando, ya sea porque nosotros la aceptamos o porque los que viven cerca de nosotros la aceptan: el mal, el pecado. Cuando vemos que un papá ofende a sus hijos con palabras groseras o cuando vemos hermanos que se insultan, son injustos, viven en la mentira, en el dolo, roban al prójimo, al pueblo, etcétera, nos da tristeza; es el mal aceptado en la historia de un pueblo, en una familia, en las relaciones personales, en uno mismo.

Tenemos áreas en las que hemos aceptado el mal. Sabemos que no nos encontramos muy bien. Lo llamamos también "nuestro pecado". Son las sombras que caminan con nosotros en la vida: egoísmo, aprovecharse de los demás, de su pobreza, de su falta de conocimientos, etcétera.

Es el mal, el pecado, el que nos aleja del Padre y de los demás, el que nos hace personas deshonestas, mentirosas, buscadoras del placer; nos hace capaces de lastimar a los demás con la venta de droga o nos vuelve ansiosos de ganancias desmedidas. Vemos que también está en los demás. Nos duele haber vivido algunas situaciones desagradables, a veces solos y otras acompañados. Es el mal y el pecado que están en nuestra vida.

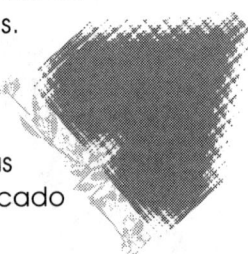

EL AMOR DEL PADRE

Esas sombras malignas serían tremendas si, por el otro lado, no estuviera la misericordia del Padre hacia nosotros. Una realidad más fuerte que el pecado mismo es el cariño que Él nos tiene. Hablamos de lo inmenso: el Padre nos ama. No es difícil decirlo, tampoco vivirlo. La cercanía es de Él. Viene a nuestro encuentro. Él es el que cura y salva al hombre de sus propias sombras y de su nada, romperá la muralla de nuestro egoísmo y nos abrirá a lo infinito, a la plenitud.

El mal está en nuestras raíces, nos rodea y nos atrapa en su viscosidad. Nos vuelve desamorados; envidiosos; criticones; faltos de respeto; señaladores; deseosos de poder, de honor, de riqueza; ansiosos de satisfacciones inmediatas, pecadores de la carne, del comer, del beber, etcétera. Vivimos de muchos modos la esclavitud del hombre por el hombre mismo, fruto de nuestra esclavitud interna. Faltos de libertad, de integridad.

Y ahí, en nuestra nada, habla el Padre diciéndonos que nos quiere, que desea hacer redención en medio de la humanidad. Será Jesucristo, el Buen Pastor, su Palabra. Él no se negará a subir a la cruz; supo que era el camino para darnos libertad, para salvarnos. No se negó a cumplir la voluntad de su Padre.

Clavado en la cruz por nuestros pecados, nos salva de eso mismo que lo hace morir. Lleno de amor por nosotros, desde la cruz, grita:

"Padre, perdónalos porque no saben
lo que hacen"
(Lucas 23-34)

QUIERO QUE VIVA

Algo que nos puede ayudar a entender la inmensa misericordia del Padre, es saber que Jesús ha venido a buscar a los pecadores:

"No necesitan médico los sanos, sino los que están mal; no he venido a llamar a los buenos, sino a los pecadores" (Marcos 2, 16-17)

Esto, que fue dicho con tanta sencillez, es lo más maravilloso del Padre. Ha enviado a su Hijo para buscarnos. Nos quiere con Él, compartiendo con los hermanos lo justo, la verdad, el perdón. Jesús, Dios y hombre verdadero, nos salva, nos ama, nos perdona, nos reconcilia.

En su vida Jesús perdonó a todos, reconcilió a todos, invitó a todos. Lo hace en plenitud desde la

❖ ❖

cruz. Nos invita a perdonar como Él lo hizo. Todo esto es el amor misericordioso del Padre, que no quiere la muerte del pecador, sino que tenga vida. No desea que nos perdamos, sino que nos salvemos. No quiere que vivamos a medias, sino en plenitud.

"El Espíritu del Señor está sobre mí porque
me ha ungido. Me ha enviado para anunciar
a los pobres la buena nueva, para proclamar
la liberación a los cautivos, y la vista a los ciegos,
para dar libertad a los oprimidos y proclamar
el año de gracia del Señor"
(Lucas 4,18).

"Yo tampoco te condeno"
(Juan 8, 1-11)

EN EL PECADO
NO ESTÁ EL PADRE

El pecado que ha entrado en nuestro mundo es y ha sido algo terrible. No sólo para nosotros, sino para todas las personas que han vivido en este mundo desde nuestros primeros padres. El pecado ensombrece nuestro mundo, ha hecho difícil nuestra vida; la ha llenado de rencor, guerras, odios, injusticias, envidias, falsedad, inmoralidad. Nos ha vuelto deshonestos, falsos, buscadores de placer, egoístas, pendencieros, fáciles de molestar, etcétera. Los hombres hemos esclavizado a la gente, nos hemos vuelto idólatras de la materia, hemos puesto nuestra alegría en cosas pasajeras. El pecado nos ha hecho bastante daño y con ello hemos llevado a la cruz al Hijo del Padre. Lo hemos crucificado.

Nuestro Padre desea sacarnos de esa miseria. Pero Él no va con el pecado, por eso el que no rechaza el pecado vive en la oscuridad y rechaza al Padre. Ordinariamente el pecador desea hacer su vida lejos del Padre y de los demás.

Jesús es la verdad, la justicia, la vida. El mal ha querido destruirlo, pero no podrá. Jesús es la luz y lo que está fuera de Él son tinieblas. Jesús en su primer llamado a la humanidad nos dirá:

✤ ✤

"Conviértanse, porque está cerca
el Reino del Padre"
(Mateo 4, 17).

El Padre quiere que estemos cerca y necesitamos
volver a Él. Desea tanto reunirnos en su corazón amoro-
so que envía a su Hijo a salvarnos. Nos ama.
Hay en el Evangelio algunos ejemplos sobre esto,
que llenan el corazón de entusiasmo:

"¿Quién de ustedes que tiene cien ovejas,
si pierde una de ellas no deja las noventa y nueve
en el desierto, y va a buscar la que perdió, hasta
que la encuentra? Y cuando la encuentra la pone
contento sobre sus hombros; y llegando a casa
convoca a los amigos y vecinos y les dice:
«Alégrense conmigo porque he hallado
la oveja que se me había perdido»"
(Lucas 15,4-7).

El pecado es
nuestra peor des-
gracia, pues es vivir
lejos del Padre y
lejos de los demás.
Estamos invitados a
volver al Padre.

EL SACRAMENTO DE LA RECONCILIACIÓN

En realidad, no deseamos vivir en pecado. Sabemos que el pecado es la soledad de la vida. Nos llenamos de cosas, de trabajos, de fiestas; pero si estamos en pecado sentimos un gran vacío, un gran malestar y enojo. El pecado es el vacío del Padre en nuestro corazón, nos aleja también de los que amamos y queremos, nos aparta de la familia, de los verdaderos amigos, de los hermanos. Poco a poco el pecado va destruyendo lo que más apreciamos en la vida. El pecado es destrucción, nos hace enemigos de la humanidad y de la creación. Nos pone en estado de violencia.

"Permanezcan en mí para que yo permanezca en ustedes. Se los digo para que mi alegría esté en ustedes y su alegría sea plena"
(Juan 15, 11)

Sólo permaneciendo en el Padre, habrá plena felicidad. Él nos invita a permanecer en su amor, nos quiere con Él. Lejos del Padre, todo es soledad, vacío, es la nada.

❖ ❖

Si guardamos sus mandamientos, permanecemos en su amor. El principal mandamiento es que nos amemos como Él nos ha amado: amarnos, querernos. Ahí, donde empieza este mandamiento, está la puerta a la vida, a la paz; ahí también termina nuestra soledad. Es abrir el corazón al Padre y a los demás. Volvernos a las raíces mismas de nuestra felicidad: el Padre y los hermanos. Por eso es necesario saber ser humildes y pedir perdón a Él y a los que hemos ofendido con nuestras tonterías. Dejar nuestro egoísmo y nuestra soberbia, y volver de nuevo a la casa paterna.

Jesús ha dejado un sacramento que nos facilita eso: el de la reconciliación. Lo llamamos también el sacramento de la confesión.

Al vivir este sacramento, reconozco públicamente, delante de los hermanos, delante de un sacerdote, que he faltado, que me he alejado del Padre, que no he permanecido en su amor y que no he querido ser buen hermano y compañero. Por este sacramento el Padre, en su misericordia, me dice que me perdona y es el medio con que la comunidad vuelve a recibirme como hermano.

"Reciban el Espíritu Santo.
A quienes perdonen
los pecados, les quedarán
perdonados;
a quienes se los retengan
les quedarán retenidos".
(Juan 20,22)

EL PERDÓN

Y LA CRUZ DE CRISTO

Jesús, en su compromiso de amor hacia nosotros, corona su actitud de hermano y salvador, derramando su sangre en la cruz.

"Llegados al lugar llamado Calvario, lo crucificaron allí a Él y a los malhechores. Uno a la derecha y otro a la izquierda".

"Jesús decía:
Padre, perdónalos porque no saben lo
que hacen. Se repartieron sus vestidos echando
suertes" (Lucas 23,33).

Sólo nuestro Padre nos ama con esa medida. Nos perdona en la misma cruz. Lo hace derramando su sangre. Así tiene misericordia de nosotros. Jesús ha llevado al madero de la cruz nuestros pecados. De esta manera estamos invitados a matar el pecado, para que —muertos— vivamos la justicia, vivamos la hermandad.

Hemos sido curados con las heridas de Cristo. Desde la cruz, donde muere, derrama su vida y su perdón para todos los que se arrepienten.

"El Hijo del Hombre no ha venido
a ser servido, sino a servir y dar la vida
como rescate de muchos".

Esta gracia que nos da el Padre en la cruz de su Hijo Jesús, se sigue derramando sobre nosotros maravillosamente en el ministerio de los sacramentos. En el sacramento de la Reconciliación. En él hacemos presente el perdón realizado en la cruz. La reconciliación es la presencia amorosa de Cristo que nos perdona desde la cruz.

"Nadie tiene más amor que
el que da la vida por sus amigos"
(Juan 15,12)

JESÚS INVITA
A SUS APÓSTOLES
A PERDONAR

Jesús quiere que todos tengamos la oportunidad de recibir el perdón. Sabedor de nuestra fragilidad, les dice a sus apóstoles que nos perdonen.

"Reciban el Espíritu Santo. A quienes les perdonen los pecados les quedarán perdonados; a quienes se los retengan, les quedarán retenidos."
(Juan 20, 22-23)

Jesús quiere que vivamos como personas que han sido perdonadas. Nos dice a todos que nos perdonemos. Es su gran deseo. Por eso al acercarnos al sacramento de la Reconciliación, es acercarnos al perdón. En nombre del Padre se nos perdona.

Jesús, pensando en nosotros, ha visto la necesidad que tenemos de saborear el perdón, comprender y sentir que somos perdonados. Encarga a sus apóstoles que, en nombre de Él, perdonen al hombre o a la mujer que se arrepienta.

Siempre se ha vivido en la Iglesia católica el perdón de los pecados en el sacramento de la Reconciliación (confesión). Siempre ha habido personas que se vuelven con humildad al Padre y piden perdón. La Iglesia, por

❖ ❖

medio de este sacramento, las ha perdonado en nombre de Jesús.

"Pedro se le acercó entonces y le dijo: Señor,
«¿cuántas veces tengo que perdonar las ofensas
que me haga mi hermano? ¿Hasta siete veces?»
Le contesta Jesús: «No te digo hasta siete veces, sino
hasta setenta veces siete»"
(Mateo 18,22)
(Es decir, siempre)

El Señor y dador de vida, no ha dejado de caminar con nosotros. Nos acompaña con su presencia viva en medio de su pueblo. Vive entre nosotros por medio de los sacramentos, que son su presencia bienhechora que dura siempre.

Cuando te confiesas te encuentras al Padre en el momento de tu conversión. Él personalmente te perdona por el ministerio del sacerdote. Así de sencillo lo quiso. No pidió que hiciéramos grandes sacrificios y penitencias, sólo quiso que humildes nos acerquemos a pedir perdón. "Padre, perdónalos porque no saben lo que hacen". Lo dice Jesús desde la cruz.

En la confesión, por medio del sacerdote, nuestro Padre nos dice que vayamos en paz, que hemos sido perdonados: "tus pecados te son perdonados".

RECONOZCAMOS

QUE SOMOS PECADORES

Hay un ejemplo en la Palabra de Dios que nos enseña mucho. Nos habla del corazón misericordioso de nuestro Padre y de la necesidad de reconocer que somos pecadores. De ese modo se nos puede perdonar.

Un hombre tenía dos hijos. El menor pidió a su padre la parte de su hacienda. Se la da y este hijo se va lejos de su casa y malgasta todo. Cuando acaba con todo, se encuentra desesperado por el hambre y en ese momento se acuerda de su padre.

"Cuántos trabajadores en casa de mi padre tienen pan de sobra, y yo, aquí, me estoy muriendo de hambre. Me levantaré, volveré a mi padre y le diré: «padre, he pecado contra el cielo y contra ti; ya no merezco llamarme hijo tuyo»"
(Lucas 15, 11-32)

El papá perdona a su hijo.

❖ ❖

Aunque a veces no vemos con mucha claridad nuestro pecado, sabemos que somos pecadores, que nos hemos equivocado, que hemos sido malos hermanos y compañeros, que hemos vivido lejos de nuestro Padre. Reconocernos pecadores es reconocer que necesitamos de Jesús. Es abrir nuestro corazón para que las heridas hechas por el pecado sean curadas por las heridas de Cristo en la cruz.

Necesitamos ver la prisión en que vivimos para salir de ella (egoísmos, malas inclinaciones, pleitos, deseos de no convivencia, de no servicio, etcétera). Pensemos que no es muy difícil caer en la cuenta de que somos pecadores. Basta con mirar y recorrer nuestra vida: siempre adornada de pequeños o grandes pleitos, corajes, enojos, mentirillas, faltas de honradez, etcétera. No tengamos miedo de decir nuestros pecados. Hemos pecado y reconocerlo es el comienzo de salvación. Son nuestras pequeñas sombras o, a lo mejor, grandes sombras.

Al reconciliarnos, estamos pidiendo que se nos vea con ojos de cariño y de misericordia. Busquemos al sacerdote. Él perdona en nombre del Señor. Hemos pecado, nuestro Padre es bueno. Sí, Él nos perdonará.

QUE PERDONEMOS TAMBIÉN

"Perdona a tu prójimo la injuria y tus pecados,
a tus ruegos, serán perdonados"
(Eclesiástico 28, 2).

¿Guarda el hombre rencor contra el hombre y va a pedir perdón al Señor? Pedimos misericordia, pero tenemos que dar misericordia. Misericordia con la fragilidad del hermano, de la hermana; ante sus debilidades y miserias.

Somos invitados a ver a todos con ojos de misericordia, como nuestro Padre nos ve.

Cuántas veces queda nuestro corazón resentido, enojado por las contrariedades que sufrimos. Amigos que dejan de serlo por pleitos, chismes, ofensas mutuas. Amistades largas, de años, terminadas en un poco rato, irreconciliables. Decimos que no podemos perdonar. A veces hasta un poco de odio se anida en nosotros.

❖ ❖

"Bienaventurados los misericordiosos, porque ellos
alcanzarán misericordia"
(Mateo 5,7)

Siempre y continuamente necesitamos perdonar.
Desde perdonar las acciones que no les salen bien a los
demás, hasta las grandes ofensas que nos puedan
hacer. ¿Cuántas veces perdonar? Siempre. "Pero es que
insiste en ofenderme". Pues tú insiste en perdonar. Perdonar redime, suaviza el corazón. Necesitamos vencer
el mal en nosotros y en los demás haciendo el bien. A
veces costará trabajo, pero es posible, pues nuestro
Padre nos ha perdonado.

Lee Mateo 18, 22-35

Bienaventurados los misericordiosos

MARÍA MAGDALENA

¿QUÉ CONFESAR?

Lo importante es tener un corazón arrepentido. No se trata de atormentarnos, sólo de dolernos por el desorden cometido.

Conocer humildemente que uno es pecador y reconocerlo; de allí la necesidad de convertirse, de desear caminar en integridad.

A veces hay dificultad en conocer las faltas y reconocerlas. Basta que recorramos los principales momentos de nuestra vida. Dependerá de la edad, si somos casados(as) o solteros(as), del trabajo, del lugar en que vivimos, etcétera. Usar un camino fácil, será el recorrer nuestras obligaciones con nuestro Creador, con nosotros mismos, con nuestros hermanos.

Nuestras obligaciones

Con nuestro Padre:

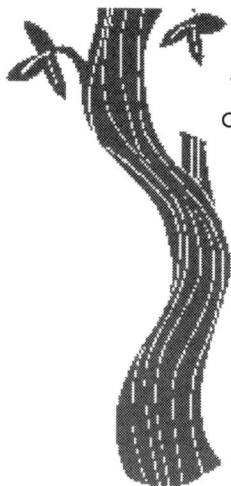

¿Lo amo a Él más que a todas las cosas? ¿Es Él, centro de mi casa, de mi familia, de mi vida, de mis pensamientos? ¿En mi vida de todos los días soy cuidadoso de la oración, de mi participación en la Iglesia? ¿Escucho la santa misa? ¿Me instruyo en mi religión? ¿Soy amoroso(a) en las cosas de mi Padre? ¿Cuido la educación religiosa de mis hijos? ¿Procuro recibir los sacramentos?

¿Creo en cosas tontas como brujerías, supersticiones, amuletos mágicos, reencarnaciones, etcétera? *Todo esto va contra la confianza en el Padre.* ¿Frecuento a los espiritistas en sus centros?

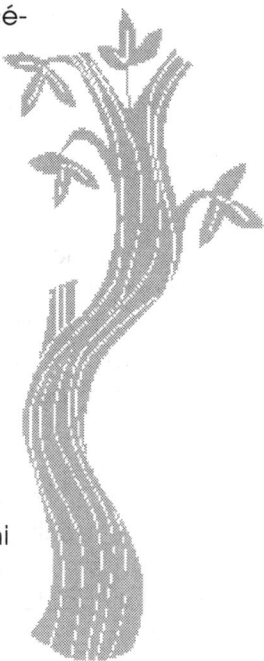

Con nosotros mismos:

Es deber nuestro el cuidado de mi persona, de la salud. ¿Cómo lo hago? ¿Cuido de los dones que Dios me ha dado?, ¿despilfarro mi vida, mi salud? A lo mejor me emborracho mucho o fumo mucho, uso droga, etcétera.

❖ ❖

Con nuestros semejantes:

¿Cómo me comporto con ellos? ¿Doy buen ejemplo? ¿Abuso de los hermanos? ¿Soy injusto, les robo, los daño en sus bienes, abuso de las personas con el adulterio, les digo mentiras, etcétera. ¿Les hablo a mis semejantes con respeto, sin altanería? ¿Cuido de su fama o más bien hablo mal de ellos? ¿Me enfado fácilmente? ¿Procuro servirles en lo que está a mi alcance o sólo pienso en mí?

Son preguntas sencillas que nos podemos ir haciendo. Si reconozco algo, debo pedir perdón humildemente.

Hay pecados de omisión, acciones que deberíamos hacer y no hacemos. No causamos daño de propósito, pero somos negligentes en el amor. No nos preocupamos de los demás: enfermos, encarcelados, de los que sufren pobreza o injusticia. Decimos que cada quien se arregle como pueda.

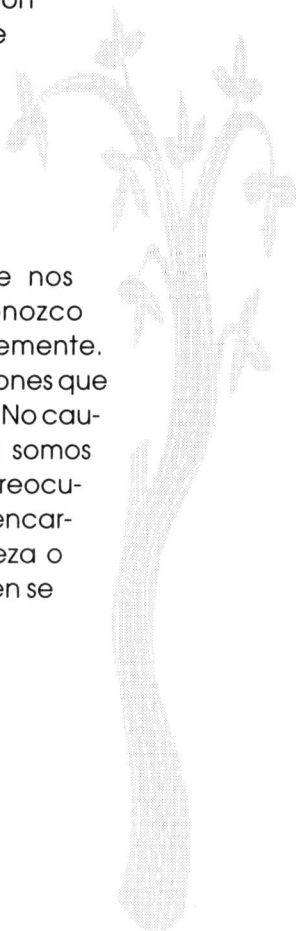

¿CÓMO CONFESARNOS?

Hemos pedido el perdón de nuestras faltas. Se nos invita ahora a hacerlo ante el confesor para que él, en nombre de Nuestro Padre, nos dé el perdón.

"Yo te absuelvo de tus pecados en el nombre del Padre y del Hijo y del Espíritu Santo".

Si tienes mucha dificultad de expresarte ante el sacerdote, dícelo a él, y él te ayudará con mucho gusto. Lo que importa es el deseo de recibir el perdón. No se trata de decir detalladamente nuestros pecados, tampoco de contar largas historias, él ya ha escuchado algo parecido. Te los perdonará en nombre del Señor. Reconoce que eres pecador. Bastará decirle: "Padre, perdóname, pues he pecado".

Al decir nuestros pecados, decimos aquello en lo que hemos faltado. Sencillamente y con humildad.

❖❖ ❖❖ ❖❖ ❖❖ ❖❖ ❖❖ ❖❖ ❖❖ ❖❖ ❖❖ ❖❖ ❖❖ ❖❖ ❖❖

Si hay algo que me cueste mucho decir, si es pecado mortal, por mucha pena que me dé tengo obligación de confesarlo. Igualmente, si olvidé algo, lo puedo decir en otra ocasión. No se trata de atormentarnos, el sacramento de la reconciliación es desear pedir perdón y ser mejor con todos, reconocernos pecadores delante de Dios y del sacerdote.

No te asustes porque no todos los sacerdotes confiesan del mismo modo. Algunos hacen más preguntas, otros menos, pero todos perdonan en nombre del Señor. Algunos van más a la carrera, otros lo hacen con más lentitud. Eso no importa. No pueden ser todos iguales. Todos son diferentes.

Busca algún sacerdote con el que te entiendas mejor, porque te ayudará a crecer en tu vida interior.

El sacerdote te dirá al terminar: "El Señor que te ha librado del pecado, te admite también en su Reino por los siglos". Amén.

DESPUÉS DE CONFESARNOS,

¿QUÉ QUEDA?

Lo que sigue después de confesarnos, es hacer lo posible por corregirnos y dar muestras de que hemos cambiado.

Cuando hemos actuado mal y hemos ofendido a las personas con quienes tratamos, necesitamos reconstruir el orden que hemos quebrantado o restablecer la fraternidad que hemos roto con nuestro egoísmo. Ésa será la señal de nuestro arrepentimiento.

Si he robado, tengo que devolver lo robado. Y si no puedo hacerlo directamente, tengo que dar una limosna o hacer una obra de caridad a gente necesitada.

Si me he enfadado con alguien, debo dar muestras de reconciliación, puede ser un saludo. Habrá pecados en los que es más difícil rehacer el orden, como la

infidelidad en el matrimonio, y lo que queda es esforzarme por mostrarme mucho más cariñoso(a) con el esposo(a), con los hijos; hacer oración y, en adelante, trabajar por un corazón más dedicado a la familia. Si mi pecado es haber sido moroso con nuestro Padre celestial, debo buscarlo más con la oración y con mi participación en los actos de culto, y en el servicio a los demás.

Además, es indispensable un deseo grande de caminar construyendo una nueva vida.